Louis Reybaud

L'Économie politique des Ouvriers

essai

ISBN : 978-154047489

10 9 8 7 6 5 4 3 2 1

Louis Reybaud

L'Économie politique des Ouvriers

essai

Table de Matières

L'Économie politique des Ouvriers

Aucun siècle ne se sera plus occupé que le nôtre de la condition de l'ouvrier, n'aura étudié avec plus de suite ses vœux et ses besoins. Les circonstances ont fait de cette étude un devoir et une nécessité. Sous les divers régimes qui se sont succédé depuis soixante ans, le sort de l'ouvrier a été par la force des choses toujours un souci, quelquefois une menace pour la communauté. D'une part, le génie des découvertes, en ouvrant au travail manuel des domaines nouveaux, a marqué son passage par de brusques déclassement ; de l'autre, les révolutions politiques ont à plusieurs reprises troublé les existences et laissé les bras sans emploi. De là des crises périodiques d'autant plus violentes qu'on avait affaire, non pas, comme autrefois, à des groupes contenus par des liens corporatifs, mais à des masses disposant d'elles-mêmes et de plus en plus pénétrées du sentiment de leur importance. Cette importance est désormais des mieux démontrées ; elle s'est sensiblement accrue par les bienfaits d'une instruction plus libéralement répandue et l'exercice de droits politiques qui ont associé plus directement le peuple aux destinées de l'état. C'est donc là un champ d'observations toujours ouvert, une enquête constamment à reprendre. Pour l'intérêt et le repos communs, il est bon de savoir ce qu'a éprouvé au cours du temps, ce que dît et pense, jusqu'à quel point se forme et s'éclaire cette population des ateliers, si prompte naguère à se jeter dans les aventures. S'est-elle amendée ? A-t-elle appris à mieux régler ses ambitions ? Voit-elle enfin clairement ce qu'il en coûte de dépasser le but, de prendre des illusions pour des réalités, et d'abonder jusqu'au vertige dans les idées de mauvais aloi mises en circulation ?

Il ne manque pas de voix pour trancher ces questions par des réponses affirmatives. Oui, dit-on, l'éducation des ouvriers est très avancée, presque achevée en beaucoup de points. L'expérience les a rendus plus traitables ; ils ont dépouillé le vieil homme, et à l'occasion on le verra bien. Non pas qu'ils aient renoncé à leur mot de ralliement ; ce désaveu leur eût trop coûté, et ils ne feront pas cette concession à des terreurs puériles : c'est encore du socialisme qu'ils veulent faire, mais du bon socialisme et non du mauvais. Ainsi ils reconnaissent volontiers le tort qu'ils ont eu, il y a dix-

Louis Reybaud

huit ans, de saisir l'état des griefs qu'ils avaient à faire valoir et d'en mettre la réparation à sa charge ; ils conviennent avec les hommes sensés que l'état n'a pas de catégories à établir entre ses administrés, et que, lorsqu'il a donné à tous, quels qu'ils soient et au même degré, la liberté, la sécurité nécessaires à l'exercice de leurs professions, sa tâche est remplie. Dans une civilisation virile, chacun est tenu à se frayer la voie par ses moyens propres, par ses seuls efforts ; c'est à quoi visent désormais les ouvriers. Tout arbitraire leur répugnerait, ils ont la pleine conscience de leur force et ne comptent plus que sur eux-mêmes. Ce qu'ils demandent seulement, c'est qu'on respecte leurs droits, comme ils sont résolus à respecter le droit d'autrui. Ils ont mieux étudié les ressources dont ils disposent, les combinaisons qui doivent les conduire à un avancement régulier ; libres d'agir, ils sont certains de se suffire dans tous les accidents de la vie. La recette est des plus simples : traiter avec l'entrepreneur d'industrie sur le pied d'une entière égalité, associer leurs épargnes pour les faire fructifier à leur gré ; rien de plus, rien de moins. A ce prix, ils arriveront au but qu'ils poursuivent ; la dignité dans l'indépendance. Quant aux anciens griefs, ils en font bon marché. Ce qu'il y avait de faux et d'insensé dans leurs plans d'autrefois, d'injuste et de violent dans leurs actes, ils le désavouent. Ils ont profité des leçons du passé, acquis des notions plus saines sur la manière dont se forme et se distribue la richesse sociale, reconnu les divers éléments qui y concourent et la part d'attributions qui leur revient, sans en exagérer l'étendue, ni en confondre les limites.

Voilà ce qu'on nous dit au nom des ouvriers, comment on les dépeint, de quelles dispositions on les montré animés. Ce tableau n'a qu'un tort, c'est de reposer sur des données superficielles. Ceux qui le tracent n'ont avec l'atelier que des points de contact fugitifs ; ils n'y vivent pas, ne peuvent vérifier l'esprit qui y règne, et se contentent de vagues paroles : rien n'est moins concluant. Pour juger les ouvriers, il faut recourir à des informations plus sûres, s'il en est de telles, chercher ce qu'ils pensent et non ce qu'on pense d'eux dans le monde lettré. Est-ce une recherche impossible ? Non ; il existe des documents, des actes publics. De loin en loin, les ouvriers prennent la parole ou la délèguent à quelques-uns des leurs. Le mandat est plus ou moins libre, plus ou moins régulier ; mais ceux qui s'en prévalent sont, à tout prendre, des hommes du métier, ayant qualité pour raconter ce qui se passe sous leurs yeux, pour traduire des opinions ou des sentiments qu'ils partagent. Si ce n'est pas l'entière réalité des faits, c'est ce qui s'en rapproche le plus, et, de toutes les interprétations, assurément la plus probable. Voyons à quoi elle aboutit et quelles conclusions on est fondé à en tirer.

Section I

En deux circonstances, les ouvriers se sont expliqués sur ce qui les touche par l'intermédiaire de ce qu'on peut nommer leurs fondés de pouvoirs. Le premier manifeste de ce genre remonte à l'exposition de Londres en 1862. On était au lendemain de la mise en vigueur du traité de commerce avec l'Angleterre, et il avait paru opportun de rapprocher les hommes en même temps qu'on rapprochait les produits. Il fut décidé qu'une députation choisie dans les ateliers de Paris franchirait la Manche pour figurer dans ces imposants comices de l'industrie. L'idée n'était ni sans grandeur, ni sans utilité ; le but essentiel qu'on s'était proposé fut pleinement atteint. Les délégués purent voir les machines à l'œuvre, en étudier les organes, prendre note des perfectionnements. En même temps il s'établissait entre eux et les ouvriers anglais les relations qu'amènent les devoirs de l'hospitalité. Il y eut des banquets, des toasts et, ce qui était d'un plus grand profit, des visites en commun dans les fabriques. Malgré la différence des langues, les moyens d'entente ne manquèrent pas. Des éclaircissements furent fournis sur les secrets des ateliers, les impressions qui y dominaient, le régime auquel ils étaient soumis. De part et d'autre, comme point capital, on compara les tâches et les salaires à tous les degrés de la main-d'œuvre. De retour en France, les délégués livrèrent à la publicité le détail de leur enquête, et ils le firent en vertu d'un mandat formel. Ils avaient été librement élus par leurs camarades, sur une invitation officielle ; ils étaient donc mis en demeure de rendre compte de ce qu'ils avaient vu. De là des documents qu'on peut considérer comme émanant des ouvriers eux-mêmes et comme une expression sérieuse de leur pensée. Sur la partie technique, point ou peu d'observations à faire : l'intérêt n'est pas là ; mais il y a dans les rapports des délégués une autre partie bien

Louis Reybaud

tranchée, bien distincte, et qui n'est rien moins qu'une exposition de doctrines, un vrai manifeste, où ils se prononcent au nom des ouvriers sur les problèmes économiques qui sont à résoudre. C'est dans ces déclarations de principes que se réfléchit le mouvement vrai des esprits.

Dans une circonstance plus récente, on en a eu un nouveau témoignage. Au mois de septembre dernier, il a été question d'un congrès d'ouvriers réuni à Genève. Tant de congrès nomades courent le monde sous des noms de fantaisie, que l'attention n'a pas d'abord été très excitée par ce dernier venu. Il a fallu du temps pour reconnaître que c'étaient en effet des ouvriers ayant pris rendez-vous pour débattre en commun les intérêts de leur profession. D'où sortaient-ils ? comment s'étaient-ils constitués ? On l'a su dès leurs premières séances. Londres a été le berceau et le siège de l'œuvre ; la visite des délégués de 1862 en a été probablement le germe. L'idée initiale était d'établir entre tous les ouvriers des états civilisés un concert pour l'action et la résistance. Sur cette idée fut fondée, sans bruit et par de lentes affiliations, une *association internationale des travailleurs*. Les cotisations avaient été calculées de manière à n'exclure ni ne décourager personne ; trente centimes par an, quoi de plus discret ? Et cependant à ce prix le conseil central parvint à instituer tout un service de communications et de correspondances, un bureau de renseignements servi par un bulletin publié en cinq langues. Chaque état de l'Europe devait former une section, chaque section était à son tour investie de la présidence. Tout cela fut fait d'instinct avec autant de tact que de vigueur ; les Anglais ont le génie de ces promptes exécutions. Les résultats, à ce qu'on assure, ont dépassé l'attente des chefs de ce mouvement ; l'appel a été entendu en France, en Allemagne, en Belgique, en Italie et en Suisse : en moins de trois ans, 160,000 noms se sont inscrits sur les listes de l'Association. Ces chiffres sont ceux que donnent les parties intéressées ; enregistrons-les sans les garantir, ils ne sont pas susceptibles de contrôle. Toujours est-il que, malgré les distances qui les séparaient, ces hommes ont pu s'entendre, se répartir les rôles et se trouver réunis à point nommé dans la ville où leurs conférences devaient s'ouvrir.

Pour Genève même, cette descente d'ouvriers a été une surprise ; la section de la Suisse romande, chargée des préparatifs d'installation, y avait pourvu très modestement : c'est dans une brasserie que le congrès allait siéger. Le local avait été transformé à peu de frais : quelques drapeaux en faisceau, celui des États-Unis, celui de la confédération helvétique et au milieu le drapeau rouge de l'association, quelques chaises pour les membres du congrès, une table pour le président, une simple barrière pour isoler les spectateurs. Il n'y eut un peu de mise en scène que pour l'inauguration ; au jour choisi, les délégués traversèrent la ville escortés par les ouvriers genevois, musique en tête, drapeaux déployés, et furent salués à leur entrée dans la brasserie par les chants d'une société chorale venue des cantons allemands. Après ces honneurs, les délégués prirent séance ; ils étaient soixante-quatre, sept de Londres, onze de Paris, dix de Lyon, deux ou trois Belges, autant d'Italiens, le reste appartenant aux diverses parties de la Suisse. L'Allemagne n'y avait qu'un représentant ; ce vide fut expliqué par l'état de guerre. Comme dans toutes les assemblées délibérantes, on procéda d'abord à la vérification des pouvoirs, à la formation du bureau, au règlement et à l'ordre des débats. Des incidents tumultueux prouvèrent bientôt que cette dernière précaution n'était pas inutile. Il avait été décidé que le public serait admis aux séances moyennant un droit d'entrée de vingt-cinq centimes par personne. La recette fut mince ; au lieu de la foule qu'on attendait, il ne vint que de petits groupes, hostiles pour la plupart, et d'où s'éleva la prétention d'intervenir dans les discussions au même titre que les délégués. On les éconduisit ; ils insistèrent, disant qu'il n'était pas décent que des ouvriers missent la lumière sous le boisseau. Bon gré, mal gré, il fallut que le congrès fît la police de ses séances ; on échangea de gros mots, même des voies de fait ; il y eut un moment de mêlée. Enfin le calme se rétablit, et par un vote on confirma l'article du règlement aux termes duquel les membres de la réunion étaient seuls autorisés à prendre la parole.

Le congrès avait un programme des plus vastes qu'on puisse imaginer et chargé d'une telle abondance de matières qu'une année de session n'eût pas suffi pour l'épuiser. Dans la série des sujets à agiter figuraient la religion, la morale indépendante, la permanence des armées, l'assiette de l'impôt, les traités de commerce, une croisade contre l'empereur de Russie pour la

Louis Reybaud

délivrance de la Pologne. Il serait sans intérêt de s'appesantir sur les divagations auxquelles donnèrent lieu ces questions de chaire ou de tribune ; les ouvriers ne s'y inspiraient évidemment ni de leurs propres idées, ni de leur expérience personnelle. A la louange de la majorité, il est juste d'ajouter qu'elle eut le bon esprit d'écarter par ses votes tout ce qui était un hors-d'œuvre évident ou de nature à blesser trop de consciences, Même ainsi dégagé, le programme offrait amplement aux orateurs de quoi s'exercer. Ce n'était qu'un choix à faire parmi des sujets qui leur étaient familiers, le salaire, les grèves, les chômages, l'emploi des femmes et des enfants, les secours mutuels, les contrats d'apprentissage, enfin les services rendus au travail par le capital, que les ouvriers savent mieux maudire que définir. Nul doute que si, sur tous ces points, les membres du congrès eussent mis en commun le fruit de leurs observations journalières, sincèrement, sans mélange de déclamations, avec l'autorité qui s'attache à l'exposé des faits dont on a été acteur ou témoin, il ne fût sorti de ces conférences un document de quelque valeur et la plus concluante des enquêtes. Malheureusement, dans les débats de Genève comme dans les rapports des délégués de 1862, on a trop haussé le ton, trop enflé la voix : ce sont les mêmes ambitions hantant, on le dirait, les mêmes cerveaux, tant l'identité du langage est frappante. Ce sont aussi les mêmes énormités économiques plutôt aggravées qu'adoucies, et dont le caractère persistant démontre jusqu'à l'évidence qu'il n'y a eu là-dessus ni résipiscences, comme on l'assurait, ni amendements d'opinion. Pour s'en convaincre, il suffit de jeter un coup d'œil sur les procès-verbaux du congrès : rien de plus significatif.

Ce qu'il y a lieu de noter d'abord, ce sont les contrastes de l'esprit de race qu'a rendus sensibles le cours des débats. Les ouvriers anglais, qui connaissent le prix du temps, n'étaient pas venus en Suisse seulement pour discourir ou entendre discourir à perte de vue sur des questions qui ne pouvaient pas aboutir à des actes ; ils avaient un projet susceptible à leurs yeux de réalisation, et ce n'était rien moins que l'organisation de toutes pièces d'une grève universelle. Voici les motifs qu'ils donnaient à l'appui de leur proposition. En Angleterre, disaient-ils, nous sommes constitués si fortement que le prix des salaires est à peu près à la discrétion de nos comités exécutifs. Un fabricant résiste-t-il, on le met à l'index, et le lendemain ses ateliers sont déserts, il est rare qu'il ne transige pas ; mais si au dedans nous dominons le marché, au dehors l'influence nous échappe. On embauche çà et là sur le continent des ouvriers qui viennent troubler nos arrangements domestiques et peser sur notre main-d'œuvre. C'est à quoi il est urgent d'aviser, et, tout réfléchi, il n'y a qu'un moyen efficace, c'est que toute grève devienne une grève européenne. Les diverses sections de l'*Association internationale* s'entendraient pour cela, et une fois d'accord agiraient vigoureusement. Au premier signal, toute branche d'industrie pourrait, sur les îles anglaises et en terre ferme, être simultanément frappée de torpeur ou rendue à l'activité. La durée de l'interdit dépendrait du plus ou moins de bonne grâce qu'y mettraient les entrepreneurs. Pour les parties coalisées, le profit est évident : les ouvriers anglais y gagneraient d'être délivrés de leur dernier souci, ceux du continent de voir leurs salaires se mettre forcément de niveau avec les salaires anglais, aujourd'hui très supérieurs. Certes, tout exorbitante qu'elle fût, la proposition était bien liée ; on y sentait le nerf de la main anglaise. Rien de vague ni de flottant, mais un acte déterminé, un but à atteindre au moyen d'un instrument spécial et une rude enseigne, la grève universelle.

Comment les délégués français ont-ils répondu à cette ouverture ? Par des généralités d'abord, puis par une idée fixe et une hypothèse. Que nos ouvriers eussent repoussé ce projet de grèves monstrueuses comme incompatible avec les lois de police et l'état des mœurs du continent, rien de mieux ; mais ce mode d'éviction eût été, paraît-il, trop simple : pour éblouir et battre les Anglais, il fallait employer des arguments plus relevés. Nos ouvriers n'y ont pas manqué. Une grève, dirent-ils, une grève universelle, à quoi bon ? Il y a mieux à faire. Où aboutit une grève, si heureuse qu'on la suppose ? A une chétive augmentation du taux des salaires, effort en pure perte, puisqu'avant peu le salaire disparaîtra, cédant la place à une plus juste distribution des tâches et des profits. Comment ? Par le triomphe d'un régime de coopération qui doit inaugurer l'âge de maturité du travail, tandis que le salaire et les grèves n'en sont que l'enfance ! Se laisser distraire par un petit enjeu comme les grèves d'un coup de partie comme le mouvement coopératif, ce serait quitter la proie pour l'ombre. Tel fut le dernier mot de nos

Louis Reybaud

ouvriers, et ils n'en voulurent rien rabattre : la coopération avant tout et à outrance ! De leur côté, les Anglais ne cédèrent pas sans protester. Ils avaient pris goût à la perspective de cette immense grève, où ils auraient tenu les fils des ateliers du continent pour les faire mouvoir à leur gré ; ils revinrent donc à la charge, mais sans plus de succès. Cet incident refroidit visiblement les rapports entre les membres du congrès ; deux camps s'y formèrent, chacun avec son idée favorite : d'une part le perfectionnement des grèves pour aboutir à la hausse des salaires, d'autre part le développement des sociétés coopératives pour amener la suppression des salaires, comme entachés d'indignité.

Ce n'est pas que les délégués anglais entendissent contester les avantages de la coopération, dont autour d'eux on paraissait si engoué. L'idée et le mot appartiennent à leur pays, où ont eu lieu les premiers, les plus solides essais. Ils étaient donc, ne fût-ce que par patriotisme, partisans du système coopératif à un degré très marqué ; ils admettaient les trois modes qu'il comporte, sociétés de crédit, de consommation, de production, constituées, gérées par les ouvriers eux-mêmes, et devant les enrichir par une fructification savante et variée de leurs épargnes. Sur tous ces points, pas de dissentiment ; la croyance était commune, il n'y avait de différence que dans la manière dont elle avait agi sur les cerveaux. Les diapasons en ceci n'étaient plus les mêmes. Chez les Français, c'était un enthousiasme et une confiance sans bornes. La coopération, à les croire, allait d'un coup de baguette changer en or le cuivre des pauvres gens, renouveler la face des industries en y déplaçant l'empire. Aucune ne s'y soustrairait ; l'effet devait être irrésistible, presque immédiat. Les Anglais se défendaient mieux de ces éblouissements ; ils ne croyaient pas, — et le déclaraient nettement, — que la coopération pût procéder par coup de foudre, ni faire table rase des existences anciennes. Sa marche serait au contraire très lente à leur sens, assujettie aux bonnes et aux mauvaises veines, au bon ou au mauvais choix des agents. Ce qui existait de sérieux en Angleterre n'avait réussi, ajoutaient-ils, que par des moyens plus ingénieux que réguliers, une mise en scène raffinée et une grande habileté de main. De tels éléments de succès ne sont pas communs, partout et toujours ils passeront pour des exceptions : d'où il suit que la coopération, prît-elle crédit,

14

n'entamerait pas, à leur avis, les grandes industries, et n'atteindrait les petites que dans une proportion très minime, quelques millions par exemple sur une vingtaine de milliards ; d'où il suit encore que, le salaire demeurant l'étalon du travail manuel, il n'y aurait dès lors pour les ouvriers qu'à persister dans leur ancienne manière d'amener les entrepreneurs d'industrie à composition : des grèves méthodiquement conduites et s'étendant comme un réseau sur toute l'Europe.

Tel fut ce conflit d'opinions. Comment se termina-t-il ? Par un compromis fixé dans une rédaction mixte d'où les mots en litige, grève et coopération, sont exclus. Le congrès déclarait « que l'état actuel de l'industrie, qui est la guerre, emporte l'obligation d'une aide mutuelle pour la défense des salaires, mais qu'il y a pourtant un but plus élevé à atteindre, qui est la suppression de ceux-ci. » C'était, comme on dit familièrement, renvoyer les parties dos à dos. Système à part, nos ouvriers s'en tirèrent bien. Ils tinrent en échec les prétentions rivales, et eurent la sagesse d'opposer une formule en tout cas inoffensive, la coopération, à la formule brutale des Anglais, la grève. Chacun garda ainsi, sans confusion possible, sa part de responsabilité.

Ce débat n'est pas le seul où les tempéraments particuliers des peuples se soient mis en opposition. Deux scènes assez vives ont eu le même caractère. L'un des grands soucis du groupe d'ouvriers français semblait être de se retrancher dans le bureau de l'association comme dans un fort, et d'en écarter les personnes qui n'appartenaient pas notoirement à une profession manuelle. Ils ne se cachaient pas pour dire que c'était la seule manière d'éviter une invasion d'avocats, et en effet il y avait dans l'assistance des avocats très disposés à se mêler aux discussions, si on eût consenti à les admettre. Un vote formel leur avait seul coupé la parole. Plus tard pourtant la question se reproduisit sous une autre forme. Il s'agissait de fixer par un règlement le mode de nomination des délégués au congrès en y ajoutant la mention des incompatibilités. Là-dessus les Français demandèrent qu'on n'admît que des ouvriers parmi les délégués, non des ouvriers équivoques, des ouvriers de la pensée, comme on les nommait, mais de vrais et authentiques ouvriers. Cette motion fut vivement combattue par les Suisses et surtout par les Anglais ; on demanda aux auteurs de la motion

Louis Reybaud

d'expliquer le sens de leurs exclusions. L'un d'eux se leva : « Ce sens, dit-il, est des plus clairs, et peut se passer de commentaire. Nous ne haïssons personne ; mais dans les conditions présentes nous devons considérer comme adversaires tous les membres des classes privilégiées soit au nom du capital, soit en vertu d'un diplôme. » La majorité trouva l'arrêt un peu dur, et de nombreuses réclamations s'élevèrent. Un Anglais se fit l'organe du sentiment commun. « Nous ne nous associons pas, dit-il, à ces répugnances ; nous nous refusons à ces éliminations. Y souscririons-nous, que nos camarades de Londres nous désavoueraient hautement. Il n'en est aucun qui ne reconnaisse les services que nous ont rendus les hommes voués aux travaux de l'esprit, et qui n'attache du prix à être assisté de leurs lumières. Au lieu de leur fermer les portes de notre congrès, il faut les leur ouvrir toutes grandes. Point d'esprit d'exclusion, qu'on attribuerait à un sot orgueil ! » Piqués au jeu, les Français ripostèrent ; ils montrèrent comme suite de cette intrusion les intempérances de la parole, les digressions oiseuses ; rien n'y fit : à la majorité de 25 voix contre 20, le congrès repoussa la motion.

L'intérêt languissait souvent, et la discussion n'avait pas toujours des allures aussi vives. Il est vrai que la forme du débat y prêtait peu ; les orateurs avaient le choix entre trois langues, et ces intermittences laissaient toujours une portion de l'assemblée en proie au malaise d'une attention sans objet. Ainsi dans le cours de la première séance la parole fut donnée à un réfugié allemand qui avait une certaine réputation d'éloquence ; il parla longtemps dans un style plein d'images. Il compara la ligue naissante des ouvriers au serment du Grüttli, et lui prédit les mêmes chances ; le salut était là, il n'y avait plus rien à attendre des classes dominantes infectées de corruption et d'agiotage. — Ce fut un discours à effet, mais les Allemands en goûtèrent seuls la première saveur ; les Français, les Anglais et une partie des Suisses durent se contenter des beautés de la pantomime. Dans ces conditions, on ne s'anime guère que pour les querelles. Il est à croire en effet que les scènes du début tait eu pour cause l'impatience engendrée par des moyens d'explication insuffisants. Des assistants demandaient poliment à être entendus, les congrès devraient en cela imiter les académies qui y souscrivent de bonne grâce ; mais le requérant était Français, et le président Anglais. Dès lors point ou peu de probabilité d'une entente directe ; force était de recourir aux truchements, qui y mettent toujours du leur et ne savent pas faire valoir les nuances, si bien qu'après beaucoup d'explications tronquées on en vint à des vivacités que tout le monde dut regretter plus tard. C'était une suite de la confusion des langues.

Que ce soit pour ces motifs ou à cause du droit d'entrée, les ouvriers de Genève ont montré peu d'empressement à suivre les travaux du congrès. Il y a eu des jours où les bancs réservés aux spectateurs sont restés à peu près vides, à ce point que ces délibérations publiques avaient l'aspect d'un comité secret. On expiait la faute qu'on avait commise en murant les portes au lieu de les ouvrir. Tout bruit extérieur s'est ainsi éteint peu à peu, et le jour de la clôture il n'y a eu ni fanfares ni discours. Les délégués se sont séparés après s'être donné rendez-vous à Lausanne pour l'année prochaine ; le conseil central, maintenu à Londres, était confirmé dans ses pouvoirs. Les statuts de l'association avaient été étudiés, discutés et refondus en comité. Chaque section aura désormais un bureau : des correspondances régulières s'établiront de bureau à bureau, et de tous les bureaux au bureau central. Les Anglais ont mis la main à ces arrangements, et ils ne sont pas gens à les laisser se rouiller. Peut-être ont-ils seuls un but dans cette affiliation en grand, étendue à toute l'Europe ; nous verrons bien. Pour le moment, les faits en sont là ; passons maintenant aux idées.

Section II

Il est plusieurs questions économiques qu'ont simultanément et presque identiquement traitées les délégués à l'exposition de 1862 et les délégués au congrès de Genève en 1866. Si le sentiment qu'ils expriment est celui de la généralité des ouvriers, les entrepreneurs d'industrie auront sous peu de rudes assauts à soutenir. En premier lieu, la limite des heures de travail. On sait que la loi l'a fixée en France à douze heures ; un décret daté du Luxembourg l'avait fait descendre à dix heures en 18A8, ce qui parut excessif, même dans ces jours de largesse, et ne dura point. Aujourd'hui dix heures de travail seraient encore, au gré des intéressés, une trop lourde tâche ;

c'est à huit heures qu'il faut la réduire, afin que l'ouvrier ait quelques loisirs. Là-dessus les délégués de toutes les dates et de tous les pays marchent en parfait accord, et quelle chaleur ils y mettent ! Un Anglais, aux conférences de Genève, regarde la réduction du travail à huit heures comme un mot d'ordre à donner aux ouvriers du globe civilisé et un très bon type d'agitation à introduire. « Aux États-Unis, ajoute-t-il, la partie est engagée depuis deux ans et à demi gagnée dans quelques industries ; en Angleterre, le mouvement commence, et déjà plusieurs entrepreneurs ont consenti à réduire d'une heure le travail que de leur propre gré ils avaient depuis longtemps maintenu à dix heures et demie. Huit heures, c'est un marché à mettre en main partout, et, affirme l'orateur, il n'a rien de léonin. Robert Owen a calculé que, si chaque individu remplissait sa tâche, trois heures de travail suffiraient pour défrayer largement tous les services utiles à la communauté. Huit heures donc ! et encore faudrait-il combiner la durée du travail avec le profit que l'ouvrier le plus médiocre doit en retirer, c'est-à-dire arrêter une limite, un minimum, l'équivalent des besoins les plus stricts de la vie, au-dessous duquel le salaire ne pourrait jamais être abaissé. »

Ainsi parlent les ouvriers, et c'est le prendre bien à l'aise. Dans tout contrat, il y a ordinairement deux parties qui s'abouchent et dont les prétentions se tempèrent ; ici il n'y a qu'une partie qui s'adjuge ce qui lui convient et stipule sans contradicteurs. Huit heures de travail au lieu de douze, c'est un tiers à retrancher du produit, un tiers à ajouter à la dépense ; c'est, pour une usine à feu continu, trois relais de huit heures au lieu de deux relais de douze. De telles charges seraient une ruine pour la plupart des industries, et les ouvriers à court de travail en seraient les premiers châtiés. Sait-on beaucoup de fabricants qui se résigneraient à ces exigences hautaines et onéreuses ? Les uns fermeraient leurs ateliers, les autres chercheraient à se défendre en cessant de prendre la journée comme étalon du prix du travail et en le réglant à l'heure ou à la tâche, comme l'usage s'en répand aujourd'hui. De part et d'autre, ce serait une guerre d'embûches, triste perspective ! Il y a plus : au-dessus des deux intérêts aux prises, on en découvre un autre engagé au même chef et digne encore de plus de respect, celui de la communauté. Cette diminution d'un tiers sur l'activité régnicole affecterait d'autant la production, c'est-à-dire la fortune publique, qui ne s'alimente que de ce qu'un pays produit. Les prix de toutes choses, en s'élevant, ne permettraient plus de satisfaire la même somme de besoins. Jusqu'ici, les concessions analogues avaient été compensées par des perfectionnements mécaniques ; mais le génie des arts a ses limites, et il serait imprudent de toujours compter sur lui. Le profit particulier des ouvriers aurait donc pour contre-coup une souffrance générale, ce qui ne serait ni politique, ni juste, ni sensé. Voilà pour l'effet matériel : reste l'effet moral, qui ne peut pas être assujetti aux mêmes calculs. Ce soulagement des bras profitera, dit-on, à la culture de l'esprit ; les heures devenues disponibles seront acquises à des études propres à élever chez les ouvriers le niveau intellectuel. Qui ne le voudrait croire et faire à cette certitude le sacrifice de toutes les objections ? Les faits sont là malheureusement : de ce que nous voyons, il n'est guère permis de conclure à ce qu'on nous promet. Dans le choix des cultures, ce n'est pas celle de l'esprit qui a le pas, et le cabaret tient dans les loisirs du peuple une plus grande place que l'étude. Ajouter à ces loisirs quatre heures de plus, ce serait courir de grandes chances. Rien de plus sain que le travail auquel l'homme est naturellement destiné. N'est-il donc plus la meilleure des écoles, et l'oisiveté le pire des pièges ? Entre le travail et l'épargne, il existe d'ailleurs une dépendance que ni le caprice ni la violence ne sauraient rompre. L'épargne représente le travail accumulé et multiplié par sa durée. A diminuer l'un de ces termes, la durée du travail, on s'exposerait sciemment à ce que l'autre terme, qui est l'épargne, décrût dans la même proportion. Or l'épargne, c'est pour la communauté une garantie de repos, pour l'ouvrier une rédemption, un pas de fait vers ce capital exposé à d'autant plus d'anathèmes qu'il excite plus d'envie. Aucun des documents émanés des ouvriers n'est exempt de ces déclamations contre le capital qui sont le cachet des écoles socialistes. Le capital est toujours ce vampire qui s'attache jusqu'à l'exténuation aux veines des pauvres gens. Ces aménités littéraires sont restées les mêmes ; il n'y a de changé que les expédients pour réduire l'ennemi à merci. Ceux d'autrefois ont paru trop sommaires, trop simples ; on en a imaginé de plus ingénieux, de plus raffinés. On a mis de côté par exemple tout ce qui, sous des déguisements variés, avait un air de famille avec la jouissance en commun précédée de la spoliation. On a renoncé également à

Louis Reybaud

cet autre communisme qui consistait à dépouiller le capital de la propriété qu'il à de produire un revenu. Quelques obstinés restent, il est vrai, fidèles à la tradition du crédit gratuit ; mais leur voix a peu d'échos. Ces épouvantails appartiennent à l'enfance de la tactique socialiste : leur temps est passé. Au lieu d'attaques à découvert, qui trouvaient toujours le capital sur ses gardes, il s'agit aujourd'hui de blocus insidieux, qui à la longue et de guerre lasse l'obligeraient à changer de camp. De la bourgeoisie il passera alors au peuple, et ce sera son jour de réhabilitation. Le peuple est par lui-même plus capitaliste qu'on ne l'avait jusqu'ici supposé ; avec les centimes de son épargne, il peut composer des millions. L'essentiel est qu'il ne les laisse pas sortir de ses mains et les applique exclusivement à des services dont il aura la conduite et le profit direct. Ainsi parlent les ouvriers : association ou coopération, peu importe le mot, c'est le même procédé avec quelque variété de formes, c'est surtout le même dessein. Il n'y a plus à insister sur ce mouvement, dont on a exagéré l'importance, et qui vit un peu sur le bruit qu'on en a fait : ce bruit assoupi, le mouvement se réduira de lui-même à de minces proportions. Qu'il suffise de noter ici ce nouvel envahissement de l'esprit de corps. Comme cet esprit se glisse dans tous les actes, comme il enlace habilement les ouvriers, et quelle cohésion il leur donne ! Les voici presque constitués à l'instar d'un état, avec une armée dans les cadres de leurs grèves et des finances dans la concentration systématique de leurs fonds.

De tous les problèmes du travail, celui qui embarrasse le plus les ouvriers, c'est l'emploi des femmes et des enfants. Au fond, ils n'y voient qu'une concurrence onéreuse et la supportent avec impatience. On a pu s'en convaincre à Paris dans les industries où les femmes ont suppléé les hommes en partie ou en totalité. L'opposition d'intérêts a causé des orages, même des grèves. Dès qu'elle se contentait d'un salaire réduit, la femme devenait un obstacle, presque une ennemie ; elle ne laissait plus à l'homme la liberté de ses mouvements dans les discussions de salaires. Au congrès de Genève, où la question a été posée, on n'est guère sorti d'un langage de convention. Pas un mot qui pût trahir l'esprit de rivalité ; au contraire un concert de doléances sur la condition précaire que notre civilisation fait aux femmes, sur les dangers du séjour dans les ateliers, qui énervent les corps et pervertissent les âmes : d'où la conclusion prévue qu'il faudrait, fût-ce par une loi ou des mesures de police, réserver aux hommes seuls l'accès de la manufacture, suspecte d'insalubrité matérielle et morale. Après deux ou trois discours de ce genre, tous fort applaudis, on allait passer au vote quand un opposant se leva. Il fit timidement observer que dans beaucoup de cas la femme, en s'employant dans les ateliers, ne fait que céder à la nécessité, — et que l'en exclure, c'était lui ôter son pain. « Il se peut, ajouta-t-il malgré quelques murmures, que le mélange des sexes pendant les travaux engendre de mauvaises mœurs ; mais ce qui les engendre plus infailliblement encore, c'est la misère combinée avec l'oisiveté. Un travail réglé, qui entretient l'aisance, est le meilleur et le plus sûr des préservatifs. » L'observation n'était pas sans valeur, mais le congrès n'en tint pas compte. Par une première résolution, il proscrivit en principe le travail des femmes dans les manufactures, et, pour se montrer conséquent, il repoussa une seconde résolution qui admettait ce travail sous la condition d'améliorations morales et matérielles. Le congé était aussi formel que possible : on n'y avait oublié qu'une chose, indiquer d'autres moyens de vivre à celles qui en étaient frappées.

Nulle erreur n'a fait plus de ravages parmi les ouvriers que les fausses notions qu'ils se sont formées au sujet du salaire. Ils y attachent on ne saurait dire quoi d'humiliant qui n'est pas de nature à leur inspirer un goût bien vif pour leur condition. Ils ne parlent du salaire que le dédain à la bouche, et ont imaginé un mot, le salariat, comme expression de ce dédain ; ils ne voient dans ce régime qu'un servage déguisé où ils travaillent au profit du maître : leur ambition est d'en sortir promptement et par tous les moyens. Ces récriminations ne résistent pas à l'examen quand on va au fond des choses. Le salaire fût-il, ce qu'il n'est pas, un stigmate, les ouvriers n'en seraient pas seuls marqués. Dans toutes les carrières à rétribution fixe, de quelque façon qu'on la désigne, traitement, appointements, honoraires, émoluments, il y a salaire, et, à moins d'avoir l'esprit mal fait, on ne saurait s'offenser ni rougir du mot ; c'est l'équivalent d'un service rendu ou à rendre, un contrat libre dont les termes ont été fixés de gré à gré. Pour les sociétés, c'est mieux encore. Ces existences à conditions fixes y forment le contre-poids des existences où l'élément mobile prévaut, elles sont un lest pour maintenir l'équilibre des parties flottantes. Tout le monde ici-bas n'est pas trempé et doué de manière à pouvoir courir la chance des entreprises en y apportant comme enjeu sa personne et ses biens. N'est pas qui veut maître de forges, filateur, tisseur, imprimeur d'étoffes ; il faut pour cela des qualités qui ne sont pas communes, l'esprit des affaires, les connaissances techniques, l'art de manier les hommes, la promptitude du coup d'œil, enfin l'argent ou le crédit qui en procure ; il faut de plus de l'à-propos et du bonheur. Quel concours de circonstances ! et c'est pourtant à cette loterie que les ouvriers vont mettre leurs épargnes, à ce régime d'incertitudes qu'ils sacrifieront la sécurité que le salaire leur offrait ! Parmi les entrepreneurs d'industrie, ils ne veulent voir que ceux qui ont pleinement réussi et peuvent défier les retours de fortune ; ils détournent les yeux des tables mortuaires où s'enregistrent les noms de ceux qui ont succombé sous un poids disproportionné à leurs forces. Quoi d'étonnant dès lors que le salaire, qui prête peu aux illusions, tombe en défaveur, et que la vogue passe à la participation aux profits, qui ouvre la porte à bien des rêves ?

A ces quelques points se réduit l'intérêt des discussions soulevées au nom des ouvriers par leurs organes accrédités. Maintenant d'où vient l'esprit qui souffle sur eux, quels qu'ils soient, mandans ou mandataires ? Chez les délégués à l'exposition de Londres, il y avait amalgame de l'élément libre et de l'élément officiel, ce qui rendrait délicate la recherche des influences. Au congrès de Genève, c'est différent ; tout le monde semble s'appartenir. Ce sont les Anglais qui ont et gardent la haute main sur la conduite des délibérations, amendent les statuts, se font adjuger les pouvoirs. Avant et après ils demeurent en évidence. Or de qui et de quoi s'inspiraient-ils ? Ceux qui connaissent l'histoire des écoles socialistes ne sont pas bien empêchés pour le dire. Ce sont les idées de Robert Owen qui ont eu les honneurs du tournoi. Ce Robert Owen était de son vivant le plus entêté réformateur qu'ait produit un siècle qui n'en est point avare. Dans une série de petits traités portatifs, tirés à cent mille exemplaires, il a mis au jour, baptisé de ses mains, frappé à sa marque tout ce qu'on nous donne aujourd'hui pour des nouveautés. Cette association internationale par exemple, depuis vingt-cinq ans il l'avait inventée sous le nom

d'*Association de toutes les classes, de toutes les nations.*[1] Genève en
a eu la primeur. Ces sociétés coopératives, dont beaucoup se font
honneur à bon marché, lui appartiennent incontestablement par
la date ; en 1831, on en comptait vingt-deux fondées par ses soins,
vivant de ses subsides.[2] Les pionniers de Rochdale, dont les succès
ont mis tant de têtes en feu, ont été ses derniers enfants ; il avait
vu les autres mourir de consomption lente. C'est également à lui
que l'on doit le premier type de ces *sociétés amicales*[3] qui ont fait
si rapidement leur chemin de l'autre côté du détroit. Il s'entendait
même en démonstrations populaires, car ce fut lui qui conduisit
en 1834 cent mille ouvriers au palais de Saint-James et porta la
parole en leur nom. Enfin il n'était pas à court d'imagination pour
multiplier les instruments de crédit[4] témoin ce papier où l'heure de
travail constituait l'étalon de la valeur, et au moyen duquel le troc
en nature revêtait une forme fiduciaire.

Il n'est pas hors de propos de rappeler ces hardiesses, tombées
dans l'oubli qu'elles méritaient, ne fût-ce que pour prouver qu'on
ressuscite aujourd'hui plus de choses qu'on n'en invente. On a pu s'en
convaincre à Genève ; nous en sommes à la période des socialistes
de troisième main Beaucoup de Robert Owen du chef des Anglais,
un peu de Proudhon du chef des Français, voilà le mélange qu'on
nous a servi comme un produit original : prenne le change qui
voudra. — Mais, nous dit-on, il y a pourtant des différences, un
retour aux vrais principes, l'intention formelle de se passer de la
main de l'état ; il serait juste d'en tenir compte. — Soit, mais à la
condition que les conversions s'affermiront, et qu'on ne viendra
pas, comme à Genève, demander le rétablissement des taxes
de la viande et du pain. Quant aux différences entre les anciens
et les nouveaux socialistes, il en existe en effet de profondes, et
les voici. Les anciens, ces fous d'un autre âge, étaient les plus
désintéressés des hommes ; ils ont tous scellé leur conviction par
des sacrifices, pas un n'en eût fait un objet de spéculation. Leur
idée fixe les préservait des petites ambitions et des petits calculs ;
ils s'oubliaient comme des gens qui croient avoir charge d'âmes. En
est-il de même des socialistes de la dernière heure ? Le doute est

1 *Association of all classes, of all nations (tract).*
2 *Coopérative society's proceedings (tract).*
3 *Friendly societies (tract)*
4 *National labour équitable exchange (tract).*

Louis Reybaud

au moins permis. Il n'y a plus de maîtres, il n'y a plus de disciples, partant plus d'écoles ; il y a des cas particuliers seulement et moins une croyance qu'une mode. Quand les choses en sont là, personne ne se dévoue plus, tout le monde calcule. Dans le peuple, on est socialiste parce qu'on s'imagine y avoir un intérêt ; dans les lettres, parce que c'est un moyen de facile popularité ; dans la politique, parce que c'est le meilleur coup de filet qu'on puisse jeter dans les eaux troubles du suffrage universel. Socialiste ! mais le retour de ce mot n'est-il pas à lui seul un signe de l'état des esprits ? On essaie en vain d'en atténuer le sens ; ce sens est fixé, et personne ne prendra le change.

Encore si le mot revenait seul, mais il revient, comme on a pu le voir, avec son triste cortège. Ainsi donc la trêve survenue il y a bientôt quinze ans a manqué à l'une de ses promesses, la cure de vertiges invétérés. Comprimés, ils ont continué leur travail sourd, et à l'occasion on les voit reparaître. C'est chez les ouvriers surtout que le mal s'est réfugié ; rien n'a pu le réduire, ni le temps, ni les soins. Que d'argent néanmoins a été dépensé pour des œuvres de progrès intellectuel et d'éducation morale ! Que d'écoles fondées pour les enfants, que de conférences ouvertes pour les adultes ! Naguère encore des milliers d'auditeurs se pressaient autour des chaires de professeurs et d'économistes éprouvés qui mettaient la science des richesses à la portée des plus humbles intelligences.[1] Quel profit est-il sorti de ces leçons ? Aucun, si l'on en juge par les erreurs qui se sont débitées à Genève précisément sur les mêmes sujets : la guerre au capital, l'art des grèves universelles, le minimum de salaire, la réduction des heures de travail, c'est-à-dire autant de machines de guerre dont la moindre serait de force à réduire en poudre l'industrie la mieux constituée. Ce ne sont pourtant là que des réminiscences et les débris de vieux systèmes qui semblaient finis. On les a restaurés, à ce qu'il semble, pour l'usage des générations actuelles. Ils n'eussent pas résisté, ces systèmes, à quinze ans de libre discussion ; un régime de silence les a conservés à peu près intacts, et, s'ils prenaient les mêmes licences qu'autrefois, ce serait une campagne à recommencer.

Maintenant un doute peut s'élever : dans ce qu'ils ont dit et fait au nom des ouvriers, les délégués étaient-ils des interprètes fidèles ?

---

1 *Conférences de l'Association polytechnique.*

Section II

N'ont-ils pas trop pesé sur certains griefs, forcé les couleurs du tableau, abondé dans leurs impressions personnelles au lieu de traduire le sentiment général ? il y a en effet à tenir compte des libertés de l'interprétation, qui doivent être grandes. Entre les ouvriers qui restent dans les rangs et ceux qui en sortent avec un mandat, une certaine inégalité de conditions s'établit : les uns se remettent à la besogne sans souci comme sans responsabilité ; les autres, pour répondre à l'honneur qu'on leur fait, se montent le cerveau, se grisent avec leurs idées. Quand la somme de ces idées est bornée, et c'est souvent le cas, ils la complètent avec quelques lectures, meublent leur mémoire de ce qu'à droite et à gauche on a écrit et pensé pour eux. On comprend que, cette préparation achevée, le délégué devienne un tout autre homme, et s'éloigne de plus en plus du ton et de la langue des ateliers. Il se forme alors des opinions qui en réalité ne sont qu'à lui, et où les préjugés d'état se mêlent à une demi-science. Il va parfois jusqu'à se mettre en écart direct avec ceux dont il tient son mandat. Cependant il ne sera ni blâmé ni désavoué. La vie du chantier laisse trop peu de loisirs à l'ouvrier pour qu'il prenne goût à autre chose qu'à sa tâche. Il n'a d'opinions qu'en temps de révolution ; mais alors il va d'un bond aux plus ardentes. Il s'anime aussi pour ses intérêts, et c'est en quoi le système de coopération le séduit, comme séduisent toutes les combinaisons aléatoires.

Certes l'ouvrier a et doit avoir comme tout le monde le choix des moyens qui peuvent le conduire à la fortune, et parmi ces moyens il en est de très sûrs, de très réguliers. En industrie, la force des choses fait sortir des rangs les sujets les mieux doués et les appelle au commandement ; leurs services, quelquefois leur génie, les désignent. C'est l'avancement naturel, plus fréquent qu'on ne le suppose. Beaucoup de chefs de grandes fabriques ont été ouvriers ou sont fils d'ouvriers. Les hommes capables se classent donc d'eux-mêmes ; aussi n'est-ce pas à ceux-là que l'on songe. Il s'agit non des hommes qui ont acquis ou peuvent acquérir des grades ; mais du gros de la troupe. Au moyen d'une augmentation de salaires ou d'une participation aux profits, on veut élever dans les rangs des ouvriers le niveau de l'aisance. Rien de mieux, mais aux dépens de qui ? Il y a là un acte de largesse, qui en fera les frais ? Sera-ce le Consommateur, sera-ce l'entrepreneur d'industrie ?

Louis Reybaud

On ne peut rien mettre en plus dans la main de l'ouvrier sans le prendre dans la main de l'un ou de l'autre de ces contribuables. C'est à quoi ne songent pas ceux qui ne voient que leur intérêt là où plusieurs intérêts sont engagés. L'intérêt qui prime ici, c'est celui de l'industrie, dont la conservation importe à tous ceux qui en vivent, ouvriers ou patrons. Or l'industrie est d'une constitution délicate, on ne la violenterait pas impunément. Aux premiers chocs, on en ferait des ruines, et, placés comme ils le sont, les ouvriers en recevraient les premiers éboulements.

N'exagérons pas ; jusqu'ici, tout s'est réduit à des accès de jactance accompagnés d'insignifiantes levées de boucliers. Nos ouvriers n'ont pas la puissance ni peut-être la volonté des excès auxquels l'imagination de leurs meneurs les convie. Il ne faudrait pourtant pas s'y fier sans réserve ; l'exemple de l'Angleterre donne à réfléchir. Là-bas les sociétés populaires connues sous le nom de *trade's unions* ont tracé autour des fabricants des lignes de siège si habiles qu'en réalité ceux-ci ne s'appartiennent plus. A tout propos, sur le moindre prétexte, les exactions et les servitudes se succèdent. Le mal pourrait nous gagner, tant nos voisins se montrent jaloux de nous en communiquer le germe. Comment s'en préserver ? C'est dans tous les cas par des moyens mieux appropriés que ceux dont on use depuis quinze ans. Jamais tant d'attentions et de faveurs ne s'étaient répandues sur les ouvriers, comme sur des gens dont il y a beaucoup à espérer ou à craindre. Le gouvernement multipliait pour eux les travaux, les institutions spéciales, rapportait ou modifiait les lois gênantes. Rien de mieux ; mais les écrivains y mêlaient bientôt leurs exagérations, voyaient tout ce qui émanait d'eux d'un œil de complaisance, excitaient leurs ambitions et quelquefois renchérissaient sur leurs erreurs. Qu'en est-il résulté ? Qu'on a fait des ouvriers des enfants gâtés qui peuvent en temps d'émotion devenir des enfants terribles. Ces avances ont manqué leur objet. L'ouvrier résiste à, ce qui vient de loin et sent l'apprêt ; les flatteries ne désarment pas, et le bienfait n'enchaîne pas toujours sa reconnaissance. Ce qui a toujours mieux réussi auprès de lui, c'est un invariable esprit de justice traduit dans un langage ferme et sensé ; c'est aussi l'habitude constante de le redresser quand il se trompe et de lui dire ses vérités au risque de lui déplaire. Voilà où il en faut revenir, au lieu de suivre une pente qui n'est pas exempte de dangers.

Du patronage dans l'industrie

Parmi les nouveautés que nous réserve l'exposition du Champ-de-Mars, il en est une d'un caractère particulier qui n'aura pas à figurer dans les salles et dont on peut dès à présent, sans déplacement ni fatigue, juger la portée et le sens. C'est le concours ouvert entre les établissements ou les hommes qui, par des œuvres tutélaires, ont le plus contribué à l'amélioration morale et physique des populations, soit en y répandant plus de bien-être, soit en y maintenant plus d'harmonie. Ce concours a ceci de significatif, qu'il ne distingue ni entre les nations ni entre les genres d'influence, et qu'universel dans la plus large acception du mot, il tient compte des idées autant que des actes. Toutes les garanties de justice y sont données ; le jury est mixte, et l'élément étranger s'y trouve en majorité. Les récompenses répondent à la grandeur des intentions : un prix hors ligne et indivisible de 100,000 francs ; dix prix de 10,000 francs chaque et vingt mentions honorables. Enfin on a prévu le cas où des scrupules éloigneraient les concurrents sérieux de cette sorte de prix de vertu, et à côté des déclarations directes des personnes intéressées on a admis les dénonciations indirectes des tiers, fondées sur la notoriété des titres. C'est ainsi qu'une première liste de quarante prétendants a été formée du dépouillement de deux cents demandes, et l'on peut évaluer à un nombre trois fois plus grand les inscriptions à comprendre dans un classement définitif.

Cet incident mérite d'être traité à part ; il touche plus qu'aucun autre aux généralités du sujet : c'est le bagage moral de cette masse d'exposants dont les produits d'industrie ou d'art forment le bagage matériel. L'occasion les a mis en demeure de fournir publiquement les preuves du bien volontaire qu'ils ont fait, et la plupart d'entre eux ne l'ont pas laissé échapper. L'enquête est ouverte, les dossiers sont soumis au jury mixte qui prononcera ; mais dès à présent, et sans intervenir dans les choix, il est permis de montrer quelles seront, dans cette affluence de postulants, les difficultés de la tâche et les précautions à prendre pour la conduire à bien, fût-ce incomplètement. C'est ce que d'abord j'essaierai de faire pour me

Louis Reybaud

placer ensuite à un autre point vue. Ce concours est évidemment l'histoire du patronage dans l'industrie depuis quarante ans, le témoignage des sacrifices que les chefs d'établissement ont multipliés sous diverses formes pour rendre la condition de l'ouvrier meilleure, sa santé moins précaire, sa vieillesse moins dépourvue. Or ce patronage si attentif, si actif naguère, survivra-t-il aux chocs et aux animosités qu'engendre sous nos yeux le libre débat du salaire ? S'il survit, à quels arrangements nouveaux donnera-t-il lieu et quelles voies de conciliation pourra-t-il se frayer ? Ce sont là des questions qui ne manquent ni d'utilité ni d'opportunité,

Section I

Le concours ouvert devant le jury mixte a pour principal défaut de trop généraliser ; il embrasse beaucoup de choses, au risque de les mal étreindre. On dirait, à lire les documents qui l'instituent, une réminiscence de notre première révolution, qui jetait tout son feu dans les déclarations de principes et oubliait de leur donner une sanction. Rien de précis ni dans l'objet même du concours, ni dans les conditions d'admissibilité ; les pouvoirs du jury sont presque discrétionnaires. D'après les termes du décret, « un ordre distinct de récompenses est créé en faveur des personnes, des établissements ou des localités qui, par une organisation ou des institutions spéciales, ont développé la bonne harmonie entre tous ceux qui coopèrent aux mêmes travaux et ont assuré aux ouvriers le bien-être matériel, moral et intellectuel. » Voilà un programme bien large, si large qu'il devient embarrassant. Cette harmonie et ce bien-être, dont on fait des titres aux récompenses, ne constituent jusque-là que des entités philosophiques qui ne sauraient se passer de définitions, et ces définitions ne se trouvent ni dans le décret ni dans le rapport qui accompagne le décret. On lit, il est vrai, dans ce dernier document, que « au milieu de la diversité des conditions, le bien-être et l'harmonie offrent partout le même résultat, et qu'ils assurent aux producteurs de tout rang et à la localité que leur travail enrichit le bienfait de la paix publique ; » mais ce commentaire laisse évidemment subsister les obscurités du texte, s'il ne les aggrave pas. Il a fallu qu'en dernier lieu une note supplémentaire, insérée au *Moniteur*, vînt indiquer par approximation aux jurés et au public à quels signes l'harmonie et le bien-être se reconnaissent : l'harmonie par la durée des services, le maintien des bons rapports, l'absence de débats et de conflits ; le bien-être par la formation d'une épargne, la propriété de l'habitation avec ou sans dépendances rurales, la jouissance d'un revenu fixe pour parer à l'insuffisance ou aux incertitudes du salaire. Malgré tout, et même après ce dernier éclaircissement, la question n'est pas dégagée du nuage qui l'enveloppait à l'origine. On a voulu, en restant dans le vague, ne décourager aucune prétention ; on s'est exposé, et on s'en aperçoit déjà, à susciter et à subir les prétentions les plus exorbitantes. La même observation s'applique à la clause qui admet à concourir au même titre et sur le même pied les personnes, les établissements et les localités. Ce sera une autre source d'embarras. Les souvenirs de l'exposition de 1855 auraient dû pourtant éloigner le retour de ces pêle-mêle : alors également des groupes ont été opposés aux unités, des comités aux individus. L'effet a été fâcheux, quoique la compétition ne portât que sur des objets matériels ; il est à craindre qu'il ne soit pire pour des mérites de l'ordre moral. Voici par exemple Mulhouse qui, par l'organe du docteur Penot, présente au concours un titre aussi bref qu'éloquent, la liste des institutions privées que la cité a vues éclore dans le cours des trente dernières années. Est-ce Mulhouse qu'il faut couronner ? Non, car autour d'elle et sur trente points du département ces institutions se retrouvent. Sera-ce le Haut-Rhin ? Pas davantage, car il n'a fait qu'obéir à une impulsion partie d'un corps qui représente à la fois les sentiments et les intérêts de l'Alsace. La Société industrielle, qui à son siège à Mulhouse, resterait alors seule en ligne comme le lauréat le plus naturel pour tout le bien qui- s'est accompli dans la région où s'exerce son influence. Ce bien est grand, et la Société industrielle peut en effet en revendiquer une part. Ce fut de son sein qu'en 1827 partit le premier cri d'indignation en faveur des enfants que la manufacture enrôlait à son service pour les excéder de besogne ; mais qui poussa ce cri ? Un manufacturier, M. J.-J. Bourcart de Guebwiller. Voici donc sur des actes analogues trois corps moraux engagés, un département, une ville, une société, et si l'on remonte à l'idée initiale, c'est un homme que l'on découvre. A quel choix s'arrêter ? Qui l'emportera des idées ou des actes, de

Louis Reybaud

l'individu ou du groupe ? Ce n'est pas un mince embarras, ni une médiocre responsabilité.

Il y a d'autant plus lieu d'établir là-dessus une règle que le cas se représentera dans la plupart des foyers d'industrie. En outre il s'agira de vider du même coup un point de compétence. Sur la foi du décret et en abusant peut-être de l'élasticité du texte, quelques personnes se sont imaginé que ce concours embrassait, par le seul motif qu'il ne les excluait pas, les œuvres de morale spéculative, et que de bons conseils couchés sur le papier valaient au moins les actes généreux appliqués au soulagement et à la culture des hommes. Une fois éclose, la prétention a dû recevoir des encouragements, si l'on en juge par le chemin rapide qu'elle a fait : de divers côtés on cite des noms d'auteurs et des titres d'ouvrages, le tout déjà sur les rangs ou à la veille de s'y mettre. La prétention est-elle fondée ? Il est temps que la commission impériale et le jury mixte s'en expliquent catégoriquement. Tout se réduit à une interprétation du décret. A-t-il voulu, oui ou non, que le bien qui se médite dans le cabinet soit compté au même titre que le bien qui se réalise sur le terrain ? A-t-il entendu faire du jury mixte une académie au petit pied distribuant des médailles aux écrivains qui s'appliquent de leur mieux à alimenter le public de lectures saines ? Si cela est, il faut l'affirmer ; si cela n'est pas, il faut détruire les illusions qui se propagent.

Plus on y réfléchit, plus on découvre de sujets d'hésitation dans les jugements à rendre. Des œuvres d'amélioration physique et mo-raie, quoi de plus difficile à comparer ? Pour les produits d'industrie ou d'art, on a la vue et le tact ; pour les produits de la bienfaisance, on ne sait à quoi se prendre. On ne les a pas sous les yeux, il faut juger sur les dossiers. Nulle part pourtant le détail, la nuance, le mode, ne sont plus à considérer. Rien d'absolu, partout du relatif, le temps, le lieu, les hommes, le goût qu'on y met, l'intention que l'on y porte. Sur tel point, on fera beaucoup à peu de frais ; sur tel autre, on ne tirera que des fruits médiocres d'une grande dépense. Il y a aussi à distinguer les œuvres qui procèdent de l'expérience personnelle de celles qui sont nées de l'esprit d'imitation ; la distance entre les unes et les autres est la même qu'entre l'original et la copie. Au sujet des exagérations de mise en scène, les précautions ne sauraient être moindres ; c'est l'indice d'un mal caché : on ne plâtre guère les dehors que lorsque l'édifice s'ébranle. Que de variétés de situation se montrent ainsi, et dont il importe de tenir compte ! Au fond de tout acte, il y a l'esprit dont il s'inspire, et qui est à démêler, l'esprit de calcul, l'esprit de secte quelquefois ; souvent l'esprit religieux, qui doit garder son domaine à part. De tout cela, il s'agit d'extraire ce qui est compatible avec un concours entre établissements d'industrie, en séparant les éléments artificiels, toujours fragiles, de ceux qui, conformes à la nature des choses, sont vraiment susceptibles de durée.

A qui est échue cette besogne délicate ? A un jury composé de neuf Français et de seize étrangers. Les noms sonnent bien, les hommes occupent de grandes positions, beaucoup ont fait preuve d'une certaine expérience des affaires ; mais, sans esprit de dénigrement, il est permis de dire que, sur ces vingt-cinq jurés, vingt au moins sont étrangers aux questions d'industrie. Y ont-ils suppléé par des enquêtes particulières ? Personne n'eût songé à l'exiger d'eux. Tout au plus consentiront-ils, au dernier moment et en toute hâte, à jeter les yeux sur les dossiers échappés à un dépouillement préalable, si toutefois la tribune, la guerre, l'église, la diplomatie et l'administration leur laissent quelques heures disponibles. Les dossiers d'ailleurs fussent-ils tous étudiés, qu'un doute subsisterait, pour quelques-uns du moins, sur le degré de confiance qu'ils méritent. Comment en serait-il autrement ? La plupart de ces dossiers ne se composent que de mémoires apologétiques rédigés par les intéressés eux-mêmes, et on ne saurait attendre d'eux que, dans l'énumération de leurs titres, ils restent en-deçà de la réalité. Point de vérification ni de contrôle, rien de contradictoire, l'imagination a pu se donner carrière impunément. On avait bien essayé d'établir une sorte d'information à plusieurs degrés, les comités départementaux, les chambres de commerce et en dernier ressort le préfet ; mais comment le préfet, les chambres et les comités auraient-ils pu s'assurer de la sincérité des déclarations sans recourir à des formes blessantes ? Ils n'y ont pas même songé, et ce grand appareil d'instruction a dégénéré presque partout en apostilles favorables. Les prétendants arrivent donc devant le jury tels qu'ils se jugent et se peignent eux-mêmes. Les plus dignes se seront bornés strictement aux faits, les plus ardents se seront livrés à quelques embellissement de fantaisie. Ce ne sera pas une petite

Louis Reybaud

affaire pour les juges du camp que de remettre chacun à sa place et de prendre pour les mérites une autre échelle que les prétentions.

Tant qu'il s'agira seulement des récompenses secondaires, un accord final pourra se faire sur les choix, si contesté que soit l'ordre des priorités. Il y a là dix prix de 10,000 fr. et vingt mentions honorables, en tout trente faveurs à accorder qui seront probablement l'objet d'une transaction et d'un partage : tant pour la France, tant pour l'Angleterre, tant pour l'Allemagne, peut-être aussi tant pour les États-Unis, après quoi chaque nation disposera à son gré et en famille du lot qui lui sera échu. Il va sans dire que ces arrangements seront couverts par une sanction régulière. Comme les dix prix de 10,000 francs sont divisibles à volonté, il se peut aussi que le nombre des récompenses s'étende par le fractionnement des allocations. On aurait ainsi, non plus seulement trente heureux à faire, mais soixante, soixante-dix, quatre-vingts. Ce serait la monnaie des prix de vertu et un degré de ressemblance de plus avec les fondations Monthyon. Toutes ces combinaisons sont possibles et même probables. Le concert entre les jurés des diverses langues n'aura pas de garantie plus sûre que la répartition des largesses du concoure sur plus de clients. Il n'y a donc pas lieu de se préoccuper des récompenses secondaires : après un débat plus ou moins long, elles seront toutes adjugées.

Il est au moins douteux qu'il en soit de même du prix indivisible de 100,000 francs. Probablement ce prix ne figure dans le concours qu'en guise d'amorce, comme le lingot d'or longtemps exposé sur nos boulevards et dont on ne connut jamais le gagnant. A qui donner ce gros lot sans faire injure à ceux qui se seraient résignés à des lots moindres ? La distancé est écrasante ; pour s'y soumettre sans murmuré, il faudrait avoir devant soi un de ces bienfaiteurs de l'humanité devant lesquels les générations s'inclinent ; 100,000 fr., c'est un bien haut piédestal, mais où est la statue ? On cherche autour de soi, et on n'aperçoit point de mérites auxquels on puisse mettre un prix si élevé ; s'il en existait, l'argent n'en serait ni l'étalon, ni la mesure. En industrie en effet, où l'emploi de tout denier doit être justifié, les actes de bienfaisance doivent être calculés de manière à devenir un bon placement. Ils représentent pour l'ouvrier un surcroit de salaire, pour l'entrepreneur un gage de sécurité. On peut dire à la rigueur que ce dernier s'est payé de ses mains ; il s'est assuré des auxiliaires plus dévoués, des serviteurs plus fidèles : par des voies imperceptibles, ses avances lui rentrent ; ses libéralités tôt ou tard porteront leurs fruits. Il y a donc là une espèce de cumul, mais ce n'est pas la difficulté la plus sérieuse. Ces 100,000 francs sont un prix de moralité transcendante qui va être décerné aux yeux de l'Europe, et dès lors se représentera sous une forme nouvelle l'inévitable et orageuse question des nationalités. Si c'est un Français qui obtient le prix, on ne manquera pas de dire, dans les clubs étrangers, que nous avons été à la fois jugés et parties, et qu'il eût été de meilleur goût de s'effacer ; si c'est un étranger, le Français, qui a son brin de vanité, en éprouvera de l'humeur et prendra fort mal les choses. Tout bien examiné, il vaudrait mieux dès à présent ne voir dans cette palme d'argent et d'honneur qu'une conception de fantaisie, du genre de celle qui sortait du cerveau de Fourier, quand il convoquait soixante empires aux bords de l'Euphrate pour y couronner le lauréat d'un concours dans l'art de la bonne chère.

Les documents publiés par la commission impériale indiquent sur quels détails se portera plus particulièrement l'examen du jury mixte. Le plus curieux de ces documents est la liste des quarante concurrents déjà classés comme admissibles, avec l'analyse des titres qui leur ont valu cette première faveur. Il ne sied, en l'état des choses, ni de citer des noms, ni de désigner des établissements ; seulement il y a là, pour qui est au courant des choses, un amalgame d'éléments et de positions qui, avant d'être rendu public, aurait dû passer par un crible plus sévère. Non pas qu'on n'y compte des prétentions fondées, mais que de dissonances ! Le jury mixte n'est d'ailleurs pour rien dans ce travail de préparation, où le dixième groupe a tenu la plume. On désigne ainsi les sept classes qui ont eu à s'occuper des objets plus spécialement destinés au peuplé, matériel d'écoles, bibliothèques de village, habitations d'ouvriers, meubles, vêtements et aliments d'un bon usage et à bon marché. La tâche était rude déjà en en retranchant même une exhibition d'artisans de tous les pays avec leurs costumes et leurs ustensiles nationaux ; mais le dixième groupe est animé, paraît-il, d'un zèle particulier : comme un escadron volant il se porte au secours de tout ce qui périclite. Rien ne l'intimide alors, et il n'a pas craint de faire acte d'ingérence vis-à-vis du jury mixte, où figurent des maréchaux,

Louis Reybaud

des ministres, des archevêques, des membres du conseil privé. Le prétexte a été sans doute que, s'occupant de la condition du peuple, il était fondé à en revendiquer la défense partout où le besoin s'en déclarait. Il est juste d'ajouter que ce document, purement officieux, éclaire assez bien le sujet. Les matières de l'examen y sont nettement présentées, les rubriques judicieusement choisies, l'ordre de classement sagement imaginé. Dans ce cadre entrent toutes les formes de l'assistance indirecte, telle qu'on peut l'exercer vis-à-vis de l'ouvrier sans blesser sa dignité, tous les moyens de lui procurer plus d'aisance, soit par une moindre dépense, soit par des profits plus grands, toutes les combinaisons, en un mot, qui procèdent de ce patronage, dont on ne sentira vraiment le prix que lorsque, par la force des choses, son action aura cessé ou seulement décru.

Section II

Pour juger sainement de l'état, actuel du travail manuel, il faut se souvenir de ce qu'il était au début du siècle. En dehors de l'atelier de famille, alors dominant, il n'y avait guère que le petit atelier et l'atelier moyen ; les grands ateliers étaient rares et plus rares encore ceux que l'on désigne aujourd'hui sous les noms de manufacture et d'usine. Il ne manque pas de gens pour parler de ce passé comme d'un âge d'or qui aurait fui et de ces petits ateliers comme de modèles de perfection. Ceux qui, dans leur jeunesse, ont pu les voir ne partagent pas ces enthousiasmes. Entre les murs étroits du petit atelier se logeaient plus de souffrances matérielles et de misères morales que n'en contient de nos jours l'enceinte d'une grande fabrique. Seulement il y avait bien des motifs pour que le mal restât secret et que la plainte fût étouffée. Si l'on remonte un peu plus haut dans le passé, mêmes maux et même silence. Parler des douleurs du peuple et en troubler les fêtes de la cour, qui l'eût osé, à moins d'avoir un goût prononcé pour la Bastille ? On n'échappait guère à ses oubliettes qu'à la condition de s'appeler La Bruyère ou Vauban, ce qui n'était pas donné à tout le monde. Le gros des auteurs se taisait donc, et l'ouvrier avait les mains liées. La plupart d'entre eux passaient une partie de leur vie à frapper aux portes des corporations, et souvent mouraient de besoin sans y avoir pénétré. Le régime des petits ateliers était favorable à ces monopoles. La race d'ailleurs n'était pas comme aujourd'hui susceptible au point de se révolter à propos d'une piqûre ; elle était dure au mal, habituée, pour l'esprit et le corps, à un dénuement héréditaire.

La grande industrie eut à se constituer avec les débris de ces corps de métiers et à recueillir dans ses cadres tous les vaincus de l'atelier isolé. Ainsi s'expliquent les défectuosités matérielles et les défaillances morales qui ont marqué les origines de la manufacture. Il y eut là une période de transition dont Sismondi se porta l'énergique accusateur. Tout marchait au hasard, l'installation des locaux, l'emploi et le gouvernement des hommes. On s'arrangeait tant bien que mal dans des couvents, dans des églises délaissées, dans des maisons qu'on mettait en communication par la sape, sans tenir compte de l'inégalité des niveaux. Qu'attendre de ces appropriations hâtives et incohérentes, si ce n'est des abris provisoires aussi préjudiciables à la santé des hommes qu'à la bonne économie du travail. Le mélange des âges et des sexes y ajoutait les germes d'une infection morale. Hommes et femmes travaillaient côte à côte, assistés d'enfants surmenés de besogne. Point de limites d'heures, même pour ces derniers ; la loi n'avait pas encore pris leur défense ; point d'écoles non plus, ces enfants en savaient assez pour s'acquitter de leur service d'atelier, et l'on ne croyait pas alors que d'autres notions leur fussent utiles. Cet oubli des obligations les plus élémentaires était d'ailleurs couvert par une indifférence à peu près générale. Ni le gouvernement ni l'opinion publique ne semblaient s'en émouvoir : quelques hommes de bien élevaient seuls des protestations sans écho. Quant aux chefs d'industrie, ils se retranchaient dans cette excuse, que les affaires se traitent par le calcul et non par le sentiment, triste justification à laquelle devait répondre plus tard ce cri indigné, « que les produits sont faits pour les hommes, et non les hommes pour les produits. »

L'Angleterre fut la première à ressentir, dès 1818, des scrupules de conscience au sujet de la condition des enfants. Il est vrai que nulle part on n'avait pratiqué dans leurs rangs des racolements plus étendus, ni abusé plus outrageusement de leurs forces. Plusieurs milliers de créatures étaient chaque année victimes de marchés que les familles passaient avec les entrepreneurs. Une loi survint

Louis Reybaud

qui régla cette traite d'un nouveau genre. Le même mouvement d'opinion se déclara en France vers 1834, quand la manufacture se fut largement pourvue d'auxiliaires de cette catégorie. Des abus avaient été commis ; on y obvia par une loi. Ni en Angleterre, ni en France, ces lois, il est vrai, ne s'appuyèrent sur un corps d'inspecteurs assez nombreux pour en assurer l'exécution, mais les chefs d'industrie, mis en demeure, firent leur police eux-mêmes, et mieux que ne l'eussent faite les plus vigilants émissaires de l'administration. Pour s'en assurer, on n'a qu'à suivre de près un travail qui se fait pour ainsi dire les portes ouvertes. Dans les établissements qui se respectent, et c'est le grand nombre, la loi est obéie ; pour trouver des exceptions, il faut descendre précisément aux ateliers qu'à raison du petit nombre d'ouvriers qu'ils occupent la loi laisse en dehors de ses prescriptions. Voilà déjà un grand pas de fait et une garantie acquise ; mais l'incident a eu d'autres suites plus heureuses encore. Dénoncée à l'opinion, la grande industrie a fait un retour sur elle-même ; elle a regardé de plus près aux misères dont elle était le siège, et dès ce moment est ne dans son sein, pour ne plus s'effacer, le sentiment de la responsabilité morale.

C'est au réveil de ce sentiment que nous devons les modifications profondes dont notre génération a été témoin, et qui ont été comme la rançon des premières fautes commises. En Angleterre comme en France, il y a eu émulation pour la recherche et l'accomplissement du bien. On s'est dit de tous côtés que la manufacture, en employant les bras, prenait charge d'âmes et qu'elle devait à ses auxiliaires, sous une forme ou une autre, l'aliment de l'intelligence en même temps que le pain du corps. L'esprit de réforme a répandu alors sur tous les détails son souffle vivifiant. Peu à peu les installations défectueuses du début ont fait place à des édifices au sein desquels une ventilation énergique assure le renouvellement de l'air, et dont les façades pleinement dégagées donnent un libre accès à la lumière. Tout y est dans de telles proportions qu'en beaucoup de cas on a pu y introduire non-seulement la régularité, mais la moralité des services. Les femmes entrent et sortent par des escaliers distincts, et, quand la nature du travail s'y prête, cette séparation est maintenue dans les salles. L'enfance, naguère si négligée, est devenue l'objet de soins attentifs. — Les heures d'école sont imposées au même titre et aussi bien réglées que les heures de travail, et là où l'école communale fait défaut ou se trouve à trop de distance, des écoles spéciales la suppléent. La manufacture est-elle placée dans une ville, elle assure à ses ouvriers le bénéfice des institutions dont la ville est pourvue, depuis la crèche jusqu'aux conférences d'adultes. Est-elle isolée et dans le ressort d'une petite commune, elle crée de son chef et à ses frais les institutions nécessaires à sa vie intellectuelle et morale. Que n'a-t-on pas imaginé en ce genre sans rien attendre du concours de l'état : écoles de dessin, écoles de mécanique appliquée, de tissage, de chauffage, de géométrie descriptive, même d'électricité ! Ainsi des bibliothèques et du matériel d'enseignement, ainsi encore, et à un degré plus marqué, des œuvres d'assistance. Les vieillards, les invalides de la fabrique ont vu, dans leur délaissement, s'ouvrir pour eux des hospices particuliers, quelquefois des maisons de retraite ; les ouvriers nomades ont trouvé sur leur passage un toit et un lit avec des indemnités de séjour ; les ménages nécessiteux, des boulangeries, des lavoirs, des réfectoires économiques. L'accès à la propriété a été frayé à l'artisan économe sous la plus ingénieuse des formes, l'achat d'une maison dont il se libère au moyen d'annuités de loyers dont une portion agit comme amortissement. Encore n'est-ce là qu'une nomenclature sommaire empruntée aux documents officiels ; il faudrait, pour la compléter, y ajouter un très fort appoint, puisé dans les détails. Le titre par excellence de tout ceci, c'est d'être spontané et volontaire ; il est bon de le répéter afin d'en répandre le goût. Tous ces actes gracieux, qui attachaient une assistance à chaque besoin de la vie et s'étendaient de l'asile du premier âge à l'asile de vétérance, n'ont été le fait ni de la commune, ni de l'état ; le manufacturier seul en a pris la charge, et a prélevé sur sa fortune une dîme en faveur de ceux à qui en partie il la devait. Tels sont, dans une durée de moins d'un quart de siècle, les états de service de ce patronage, qui a tant contribué à mettre l'industrie sur le pied où nous la voyons. Sans y insister, il est aisé de comprendre quels liens il créait entre le chef et l'ouvrier, et quel effet d'apaisement il devait produire même sur ceux qui y paraissaient le plus réfractaires. Dût-il disparaître, il faudrait encore le saluer d'un regret et en souhaiter les équivalents. Les reproches qu'on fait à ce patronage sont en vérité bien futiles. On l'accuse de ne pas assez ménager la dignité de l'ouvrier et de lui

Louis Reybaud

infliger en masse, sans qu'il puisse s'en défendre, une aumône déguisée. Ce sont là de singuliers points d'honneur. De ce qu'il peut se suffire, le gros des ouvriers tirerait donc cette conclusion, qu'on l'humilie quand on se porte au secours de ceux qui ne se suffisent point. Les casuistes, il est vrai, concilient tout en déclarant que les largesses des chefs d'industrie ne sont que des restitutions et encore des restitutions insuffisantes ; mais les raffinés ne se paient pas de ces défaites : il leur répugne d'être à un titre quelconque et même indirectement les obligés de ceux dont demain peut-être ils deviendront les adversaires. Le bienfait à leurs yeux ne peut s'exercer que de supérieur à subalterne, et ils n'admettent plus, en principe du moins, cette inégalité de positions. Volontiers même ils renverseraient les termes des rapports autrefois admis : dans le contrat qui intervient entre l'ouvrier et le patron, c'est le patron qui à leur sens sera désormais l'obligé. Dans tous les cas, le temps serait venu de traiter de puissance à puissance.

On s'abuserait de croire que ce sont là des propos isolés tenus par quelques énergumènes. C'est le ton qui domine, à Paris du moins, depuis que les ouvriers s'abouchent entre eux plus librement, et à la manière dont les mots d'ordre circulent ce sera bientôt le ton des grands foyers d'industrie dans nos provinces. Rien là qui ne fût à prévoir ; il devait en être ainsi le jour où l'ouvrier comprendrait quel parti il peut tirer d'un droit nouveau pour lui, le libre débat du salaire. La première conséquence de ce droit était d'effacer ou du moins de diminuer les distances entre le patron et l'ouvrier, la seconde était de porter au régime du patronage un coup dont il se relèvera difficilement. Le patronage suppose un client, et comment y persister dès que le client s'y refuse ? On n'oblige pas les gens malgré eux : ils s'y prêteraient, qu'il faudrait y regarder à deux fois avant de le faire. Le caractère des rapports a évidemment changé, et l'exercice des industries s'est compliqué d'un nouveau risque, les grèves. Or la part naturelle des grèves est précisément ce fonds de bienfaisance qui, converti en institutions au profit des plus dénués, formait l'équivalent et au-delà d'un surcroît de salaire appliqué à la masse. Ce fonds de bienfaisance deviendra ainsi un fonds de réserve, et comment le manufacturier n'y serait-il pas conduit ? Dès qu'il peut d'un moment à l'autre être mis à rançon, il n'a plus qu'à serrer les cordons de sa bourse. Sous le coup d'une constante menace, sa dignité, comme son intérêt, lui conseillent de demeurer sur la défensive, d'attendre ce qu'il plaira aux hommes de son atelier d'entreprendre contre lui. Ce qu'on a retranché sur ses droits, il sera par représailles tenté de le retrancher sur ses devoirs. Les mieux animés en feront le calcul, et, à la merci d'accidents, ne se dessaisiront plus à la légère. Il est aisé d'entrevoir les conséquences de ce changement de mobile. Les œuvres fondées résisteront peut-être, à moins que par leurs exigences les ouvriers ne tarissent les sources qui les alimentent ; mais il ne s'y ajoutera plus rien, les beaux temps du patronage sont passés.

Pour l'Angleterre, les faits se sont prononcés, et l'expérience est close. Depuis que les unions d'ouvriers, par la main de leurs chefs, ont pesé sur les salaires et sur la police intérieure des établissements, on a vu disparaître un à un les beaux et nombreux modèles que l'esprit d'assistance avait multipliés dans les comtés du nord. A peine cite-t-on comme dernier débris des colonies d'orphelins et de manouvriers des campagnes ; le reste est en pleine dissolution. -Quelle autre réponse faire à cette puissance occulte qui, sous le moindre prétexte, met les ateliers en interdit et se joue de la sécurité des personnes et des fortunes ? Il n'y avait qu'à abandonner à eux-mêmes des hommes qui exerçaient si amplement leur droit et qu'aucun bienfait n'aurait désarmés. C'est ce qui est arrivé et arrivera partout où les prétentions se donneront carrière ; les mains longtemps ouvertes se fermeront ; on comptera plus strictement. Il est au moins douteux que les ouvriers gagnent beaucoup au change. Les violences faites à une industrie retombent en définitive sur tous ceux qui y exercent une fonction, si petite qu'elle soit ; ils souffrent tous dès que les conditions en empirent. En France comme en Angleterre, les ouvriers devraient y songer plus qu'ils ne le font. Par leurs exigences, ils entament les réserves de l'entrepreneur et empêchent qu'il ne s'en forme de nouvelles. Par la suspension du travail, ils ajoutent leur propre ruine à la ruine d'autrui. Dans beaucoup de cas, ils obtiendront un genre de succès sur lequel ils ne comptent pas, le déplacement des industries trop vivement menées.

Ce sont là des signes peu rassurants pour le repos des sociétés humaines : aux guerres connues, dont aucune n'est en discrédit, elles auront bientôt à en ajouter une autre qui s'appellera la

Louis Reybaud

guerre des salaires, et qui, venue tard, s'en dédommagera par la permanence. Tout donne lieu de croire que cette guerre aura son art et sa tactique ; déjà des échantillons en ont passé sous nos yeux. Il y a d'abord un fonds de campagne à faire au moyen de l'épargne ou de l'emprunt, et quand ce fonds est fait, il reste à saisir l'occasion d'amener le plus tôt et à moins de frais possible la partie adverse à composition. Le choix de cette occasion est un point décisif dans la loterie des grèves : ce sera ou une commande pressée, ou une exposition imminente, ou un retour de saison, peu importe, pourvu que la place capitule avant que les munitions des assiégeants soient épuisées. Comme dernière ressource, on a l'appel à des subsides extérieurs. Voilà comment, du côté des ouvriers, se conduit la guerre des salaires, et jusqu'ici le procédé leur a réussi : ils y ont mis le temps et l'argent qu'il fallait outre la plus grande des forces, la force d'inertie. Peu de violences, si ce n'est tout récemment, mais alors des violences sauvages et le réveil des mauvais instincts. Quant aux chefs d'industrie, leur seule tactique, à ce qu'il semble, est de céder toujours ; ils comptent sur la lassitude des vainqueurs. Le calcul pèche par la base, et si les ouvriers continuent d'agir de concert, il faudra bien aussi que les patrons s'entendent pour une défense commune ; autrement de concession en concession ils arriveraient à la limite où il faut faire face sous peine de périr.

Cette guerre des salaires aura des trèves plus ou moins longues, mais il est dans sa nature de couver toujours et de surprendre par des éruptions soudaines les villes d'industrie qui auront le plus de motifs de la croire éteinte. Tant de causes peuvent la rallumer, ici la misère, là l'esprit d'imitation ou de calcul, ailleurs des rancunes privées ! Faut-il regretter que cette guerre ait été déchaînée ? Non, car elle est l'effet et le signe de l'exercice d'une liberté, et il n'est pas de liberté qui n'ait ses charges et ses périls en même temps que ses bénéfices. L'heure est proche où un peuple jaloux de compter dans le monde devra les supporter toutes et dans toutes leurs conséquences. On a dit du pouvoir qu'il n'est pas un siège pour le sommeil, il en sera un jour de même de tous les modes de l'activité humaine et en particulier de l'industrie : entre ceux qui commandent le travail et ceux qui l'exécutent, il y aura un compte toujours ouvert et de perpétuelles revendications. C'est de l'agitation sans doute et de l'agitation périodique, mais il faut bien s'y accoutumer ; les agitations de la liberté sont plus saines en tout cas que les langueurs du despotisme. Ces agitations d'ailleurs tendront à décroître à mesure que les privilèges de position auront disparu, comme le flot se calme quand l'obstacle est brisé.

Maintenant est-il possible d'amortir ces chocs d'intérêts et de les concilier dans un compromis ? Pas plus qu'il n'est possible de rendre fixe ce qui de sa nature est aléatoire. En réalité, le salaire est une valeur qui suit les fluctuations du marché et ne se prête guère à de longs engagements. Aucune des parties n'aliénerait la faculté d'agir à sa guise dans des circonstances voulues. Les Anglais, qui sont nos maîtres en ces matières, ont depuis longtemps imaginé et poursuivi des projets d'entente entre les patrons et les chefs des unions d'ouvriers. Ils ont constamment échoué, et ces échecs étaient dans la force des choses. Il s'agissait pourtant d'un bien sans lequel en industrie tout est précaire, la sécurité ; personne n'a voulu y mettre le prix. Depuis lors, de part et d'autre, on en est revenu à la liberté des mouvements mitigée par de certaines convenances. Ainsi les prétentions sont aujourd'hui moins âpres, les actes empreints de moins de brutalité ; sans renoncer au droit d'agitation, les ouvriers l'exercent plus galamment, sans embûches ni surprises. Presque toujours un délai est accordé au fabricant pour qu'il puisse mettre ses prix de vente en rapport avec les nouvelles conditions qu'on lui impose. Une sorte de droit des gens s'est établi de la sorte dans des conflits qui ne semblaient susceptibles ni de justice ni de règle, et les entrepreneurs ne se refusent plus à traiter au jour le jour avec des groupes que les avantages d'une action commune ont disciplinés. En France, il y aurait un pas à faire par l'introduction de ces procédés, ainsi que par la création dans les divers corps d'état d'une représentation à titre officieux. Les fabricants auraient alors en face d'eux des délégués régulièrement élus, et non cette multitude turbulente qui est aussi incapable d'exposer clairement ses prétentions que prompte-à les appuyer par des actes de violence.

Sur un autre point, dans le même ordre d'idées, nos ouvriers feraient bien de prendre exemple sur leurs voisins. Si fortement animés qu'ils soient, les Anglais s'arrêtent toujours à la limite où l'industrie mise au ban aurait trop à souffrir de leurs sévices : c'est leur nourrice après tout, ils se garderaient de tarir ses mamelles. De là un soin extrême à mesurer les exigences du tarif, quand le cas

Louis Reybaud

se présente, sur les facultés démontrées de la fabrique, en restant en-deçà plutôt que d'aller au-delà. Ces calculs d'ailleurs sont des plus précis ; on dirait que les ouvriers ou leurs chefs du moins ont pénétré les secrets des inventaires. A un centime près, ils savent ce que coûte le produit, quel profit il donne et ce qu'on peut prélever dessus sans pousser les choses jusqu'à l'exaction, ni amener des représailles. par le même motif, ils ont supprimé les alertes trop fréquentes, et laissent jouir d'une sécurité relative les patrons avec lesquels ils ont traité. Point d'étourderies ni de fanfaronnades, point d'agitation vaine ; leur solide bon sens ne s'en accommoderait pas. Ils comprennent qu'on peut tuer une industrie à coups d'épingles aussi bien qu'à coups de massue, et ils ne sont pas gens à jouer ce jeu puéril. Ce sont les mêmes hommes qui, dans la disette du coton, ont vécu trois, ans sur des quarts de journée et mis jusqu'à leurs meublés en gage pour, sauver la branché de travail qui est leur gagne-pain. Lorsque l'esprit de calcul conduit à de tels actes, il est le commencement de l'esprit de justice ; aussi est-il à souhaiter qu'il s'introduise de plus en plus dans le débat du salaire et eh exclue la passion. Dès que le calcul s'en mêlera, on aura bientôt vu ce que coûte une grève, et compris que c'est là une arme d'autant meilleure qu'elle reste plus souvent au fourreau.

On a souvent cherché le moyen de couper court aux grèves ; il n'est que là : elles tomberont dès qu'il sera bien démontré qu'elles ne profitent pas à ceux qui les font. Les grèves feront ainsi et à la longue, leur propre police plus naturellement et bien mieux que les divers modes, d'association qu'on s'efforce de convertir en spécifique universel. L'association n'est pas un régime si nouveau qu'on ne soit en mesure de déterminer d'avance dans quelles limites elle se renfermera. A coup sûr, elle n'entamera que faiblement les masses que met en branle l'agitation pour les salaires : à peine en sortira-t-il quelques privilégiés plus heureux ou plus diligents que les autres ; le gros des ouvriers restera ce qu'il est, avec les mêmes intérêts et les mêmes passions. Le patronage avait du moins cet avantage, que son action était pour ainsi dire illimitée, et qu'il ne laissait ni un homme, ni une famille, ni un groupe en dehors de ses modes d'assistance et de soulagement. Il ne cherchait pas d'ailleurs le prestige de la notoriété ; il agissait en évitant le bruit, et sans la prime d'honneur, qui ressemblait à une mise en demeure, il n'eût pas rompu le silence. Les documents consignés à l'enquête de 1867 resteront comme les archives de sa trop courte histoire, et, il y a lieu de le craindre, comme une disposition testamentaire rappelant, pour l'honneur de sa mémoire, le bien qu'il a fait.

ISBN : 978-154047489

Louis Reybaud

www.ingramcontent.com/pod-product-compliance
Lightning Source LLC
Chambersburg PA
CBHW070131290526
45789CB00005B/2205